Max Frisch

# Halten Sie sich für einen guten Freund?

insel clip

6

Zwischen 1966 und 1971, dem Jahrfünft, in dem Max Frisch die zweite Folge seines Tagebuches notierte, finden sich die elf Fragebogen, die wir hier wiedergeben.
Diese Fragebogen bilden so etwas wie einen Rahmen, der sich locker um die Tagebücher fügt und mittendrin, immer unerwartet, durch die geradezu kurzatmig daherkommenden Denkstachel besondere Aufmerksamkeit erregt: So beginnt das Tagebuch 1966 mit einem Fragebogen, und zwar mit der Frage: »Sind Sie sicher, daß Sie die Erhaltung des Menschengeschlechts, wenn Sie und alle Ihre Bekannten nicht mehr sind, wirklich interessiert?« Alle weiteren 24 Fragen stehen in einem Zusammenhang zwischen Gesellschaft und Individualität. Und die letzte Frage greift thematisch den Bereich auf, den Max Frisch in seinem letzten Fragebogen zum Grundthema macht: den Tod und das Weiterleben als anderes Wesen. Während er hier die alternative Frage stellt: »Möchten Sie lieber gestorben sein oder noch eine Zeit leben als ein gesundes Tier? Und als welches?« – geht es dort um die Angst vor dem Tod, um das Todeserlebnis, um die Frage nach der Unsterblichkeit. Die wenigen Seiten, die nach dem letzten Fragebogen im Tagebuch 1971 geschrieben sind, haben zum großen Teil den Tod, den Freitod und das Alter zum Inhalt.
Die Fragebogen von Max Frisch lassen sich an jeder beliebigen Stelle aufschlagen und wirken durch die Intensität der Fragestellungen stets wie Impulsgeber, die Assoziations- und Anwortketten in Gang setzen. So entwickelt sich beim Lesen das geradezu zwingende Bedürfnis, über sich selbst nachzudenken und

nicht allein innerlich Anworten zu geben auf diese Fragestellungen, sondern allmählich Denken und Handeln in einen reflektorischen Bezug zu setzen.
Die elf Fragebogen umkreisen grundsätzliche Themen des Lebens, wie Ehe, Frauen, Hoffnung, Humor, Geld, Vatersein, Heimat, Eigentum, aber auch die grundsätzlichen Daseinsfragen, wie die nach der Erhaltung des Menschengeschlechts und nach dem Tod.
»Max Frisch ist«, wie Hartmut von Hentig meint, »für das zwanzigste Jahrhundert das, was Dostojewski für das neunzehnte Jahrhundert war: derjenige, der die undeutliche Lebenserkenntnis und Entscheidungsnot der Zeit in deutliche Gestalten und Vorgänge gebannt hat.«

# MAX FRISCH

# Halten Sie sich für einen guten Freund?

Elf Fragebogen

Insel Verlag

Insel-Clip 6
Erste Auflage 1995
Insel Verlag Frankfurt am Main und Leipzig

Lizenzausgabe mit freundlicher Genehmigung
des Suhrkamp Verlags Frankfurt am Main
Vertrieb durch den Suhrkamp Taschenbuch Verlag
Umschlag von Hermann Michels
Satz: Hümmer GmbH, Waldbüttelbrunn
Druck: Ebner Ulm
Printed in Germany

1 2 3 4 5 6 – 00 99 98 97 96 95

# Fragebogen I

**1.**

Sind Sie sicher, daß Sie die Erhaltung des Menschengeschlechts, wenn Sie und alle Ihre Bekannten nicht mehr sind, wirklich interessiert?

**2.**

Warum? Stichworte genügen.

**3.**

Wie viele Kinder von Ihnen sind nicht zur Welt gekommen durch Ihren Willen?

**4.**

Wem wären Sie lieber nie begegnet?

**5.**

Wissen Sie sich einer Person gegenüber, die nicht davon zu wissen braucht, Ihrerseits im Unrecht und hassen Sie eher sich selbst oder die Person dafür?

**6.**

Möchten Sie das absolute Gedächtnis?

**7.**

Wie heißt der Politiker, dessen Tod durch Krankheit, Verkehrsunfall usw. Sie mit Hoffnung erfüllen könnte? Oder halten Sie keinen für unersetzbar?

**8.**
Wen, der tot ist, möchten Sie wiedersehen?

**9.**
Wen hingegen nicht?

**10.**
Hätten Sie lieber einer andern Nation (Kultur) angehört und welcher?

**11.**
Wie alt möchten Sie werden?

**12.**
Wenn Sie Macht hätten zu befehlen, was Ihnen heute richtig scheint, würden Sie es befehlen gegen den Widerspruch der Mehrheit? Ja oder Nein.

**13.**
Warum nicht, wenn es Ihnen richtig scheint?

**14.**
Hassen Sie leichter ein Kollektiv oder eine bestimmte Person und hassen Sie lieber allein oder in einem Kollektiv?

**15.**
Wann haben Sie aufgehört zu meinen, daß Sie klüger werden, oder meinen Sie's noch? Angabe des Alters.

**16.**
Überzeugt Sie Ihre Selbstkritik?

**17.**
Was, meinen Sie, nimmt man Ihnen übel und was nehmen Sie sich selber übel, und wenn es nicht dieselbe Sache ist: wofür bitten Sie eher um Verzeihung?

**18.**
Wenn Sie sich beiläufig vorstellen, Sie wären nicht geboren worden: beunruhigt Sie diese Vorstellung?

**19.**
Wenn Sie an Verstorbene denken: wünschten Sie, daß der Verstorbene zu Ihnen spricht, oder möchten Sie lieber dem Verstorbenen noch etwas sagen?

**20.**
Lieben Sie jemand?

**21.**

Und woraus schließen Sie das?

**22.**

Gesetzt den Fall, Sie haben nie einen Menschen umgebracht: wie erklären Sie es sich, daß es dazu nie gekommen ist?

**23.**

Was fehlt Ihnen zum Glück?

**24.**

Wofür sind Sie dankbar?

**25.**

Möchten Sie lieber gestorben sein oder noch eine Zeit leben als ein gesundes Tier? Und als welches?

# Fragebogen 2

**1.**

Ist die Ehe für Sie noch ein Problem?

**2.**

Wann überzeugt Sie die Ehe als Einrichtung mehr: wenn Sie diese bei andern sehen oder in Ihrem eignen Fall?

**3.**

Was haben Sie andern öfter geraten:
a. daß sie sich trennen?
b. daß sie sich nicht trennen?

**4.**

Kennen Sie auch Versöhnungen, die keine Narben hinterlassen auf der einen oder auf der andern oder auf beiden Seiten?

**5.**

Welche Probleme löst die gute Ehe?

**6.**

Wie lange leben Sie durchschnittlich mit einem Partner zusammen, bis die Aufrichtigkeit vor sich selbst schwindet, d. h. daß Sie auch im Stillen nicht mehr zu denken wagen, was den Partner erschrecken könnte?

**7.**

Wie erklären Sie es sich, daß Sie bei sich selbst oder beim Partner nach einer Schuld suchen, wenn Sie an Trennung denken?

**8.**

Hätten Sie von sich aus die Ehe erfunden?

**9.**

Fühlen Sie sich identisch mit den gemeinsamen Gewohnheiten in Ihrer derzeitigen Ehe? Und wenn nicht: glauben Sie, daß Ihr ehelicher Partner sich identisch fühlt mit diesen Gewohnheiten, und woraus schließen Sie das?

**10.**

Wann macht Sie die Ehe eher nervös:
a. im Alltag?
b. auf Reisen?
c. wenn Sie allein sind?
d. in Gesellschaft mit vielen?
e. unter vier Augen?
f. abends?
g. morgens?

**11.**

Entwickelt sich in der Ehe ein gemeinsamer Geschmack (wie die Möblierung ehelicher Wohnung vermuten läßt) oder findet für Sie beim Kauf einer Lampe, eines Teppichs, einer Vase usw. jeweils eine stille Kapitulation statt?

**12.**

Wenn Kinder vorhanden sind: fühlen Sie sich den Kindern gegenüber schuldig, wenn es zur Trennung kommt, d. h. glauben Sie, daß Kinder ein Anrecht haben auf unglückliche Eltern? Und wenn ja: bis zu welchem Lebensalter der Kinder?

**13.**

Was hat Sie zum Eheversprechen bewogen:
a. Bedürfnis nach Sicherheit?
b. ein Kind?
c. die gesellschaftlichen Nachteile eines unehelichen Zustandes, Umständlichkeiten in Hotels, Belästigung durch Klatsch, Taktlosigkeiten, Komplikationen mit Behörden oder Nachbarn usw.?
d. das Brauchtum?
e. Vereinfachung des Haushalts?
f. Rücksicht auf die Familien?
g. die Erfahrung, daß die uneheliche Verbindung gleichermaßen zur Gewöhnung führt, zur Ermattung, zur Alltäglichkeit usw.?
h. Aussicht auf eine Erbschaft?
i. Hoffnung auf Wunder?
k. die Meinung, es handle sich lediglich um eine Formalität?

**14.**
Hätten Sie der standesamtlichen oder der kirchlichen Formel für das Eheversprechen irgend etwas beizufügen:
a. als Frau?
b. als Mann?
(Bitte um genauen Text)

**15.**
Falls Sie sich schon mehrere Male verehelicht haben: worin sind Ihre Ehen sich ähnlicher gewesen, in ihrem Anfang oder in ihrem Ende?

**16.**
Wenn Sie vernehmen, daß ein Partner nach der Trennung nicht aufhört Sie zu beschuldigen: schließen Sie daraus, daß Sie mehr geliebt worden sind, als Sie damals ahnten, oder erleichtert Sie das?

**17.**
Was pflegen Sie zu sagen, wenn es in Ihrem Freundeskreis wieder zu einer Scheidung kommt, und warum haben Sie's bisher den Beteiligten verschwiegen?

**18.**
Können Sie zu beiden Seiten eines Ehepaares gleichermaßen offen sein, wenn sie es unter sich nicht sind?

**19.**
Wenn Ihre derzeitige Ehe als glücklich zu bezeichnen ist: worauf führen Sie das zurück? (Stichworte genügen)

**20.**
Wenn Sie die Wahl hätten zwischen einer Ehe, die als glücklich zu bezeichnen ist, und einer Inspiration, einer Intelligenz, einer Berufung usw., die das eheliche Glück möglicherweise gefährdet: was wäre Ihnen wichtiger:
a. als Mann?
b. als Frau?

**21.**
Warum?

**22.**
Meinen Sie erraten zu können, wie Ihr derzeitiger Partner diesen Fragebogen beantwortet? und wenn nicht:

**23.**
Möchten Sie seine Antworten wissen?

**24.**
Möchten Sie umgekehrt, daß der Partner weiß, wie Sie diesen Fragebogen beantwortet haben?

**25.**
Halten Sie Geheimnislosigkeit für ein Gebot der Ehe oder finden Sie, daß gerade das Geheimnis, das zwei Menschen voreinander haben, sie verbindet?

# Fragebogen 3

**1.**
Tun Ihnen die Frauen leid?

**2.**
Warum? (Warum nicht?)

**3.**
Wenn in den Händen und Augen und Lippen einer Frau sich Erregung ausdrückt, Begierde usw., weil Sie sie berühren: beziehen Sie das auf sich persönlich?

**4.**
Wie stehen Sie zu Männern:
a. wenn Sie der Nachfolger sind?
b. wenn Sie der Vorgänger sind?
c. wenn Sie dieselbe Frau gleichzeitig lieben?

**5.**
Haben Sie Ihre Lebensgefährtin gewählt?

**6.**
Kommt es nach Jahr und Tag zum freundlichen Wiedersehen mit früheren Gefährtinnen: überzeugt Sie dann Ihre einstige Paarschaft oder verwundert es Sie, d.h. haben Sie dann den Eindruck, daß Ihre berufliche Arbeit und Ihre politischen Ansichten sie wirklich interessiert haben, oder scheint es Ihnen heute, daß man

sich alle diesbezüglichen Gespräche hätte sparen können?

**7.**

Befremdet Sie eine kluge Lesbierin?

**8.**

Meinen Sie zu wissen, wodurch Sie die Liebe einer Frau gewinnen, und wenn es sich eines Tages herausstellt, wodurch Sie die Liebe einer Frau tatsächlich gewonnen haben: zweifeln Sie an ihrer Liebe?

**9.**

Was bezeichnen Sie als männlich?

**10.**

Haben Sie hinreichende Beweise dafür, daß sich die Frauen für bestimmte Arbeiten, die der Mann für sich als unwürdig empfindet, besonders eignen?

**11.**

Was hat Sie am häufigsten verführt:

a. Mütterlichkeit?
b. daß Sie sich bewundert wähnen?
c. Alkohol?
d. die Angst, kein Mann zu sein?
e. Schönheit?

f. die voreilige Gewißheit, daß Sie der überlegene Teil sein werden und sei es als liebevoller Beschützer?

**12.**

Wer hat den Kastrationskomplex erfunden?

**13.**

In welchem der beiden Fälle sprechen Sie liebevoller von einer vergangenen Partnerschaft: wenn Sie eine Frau verlassen haben oder wenn Sie verlassen worden sind?

**14.**

Lernen Sie von einer Liebesbeziehung für die nächste?

**15.**

Wenn Sie mit Frauen immer wieder dieselbe Erfahrung machen: denken Sie, daß es an den Frauen liegt, d.h. halten Sie sich infolgedessen für einen Frauenkenner?

**16.**

Möchten Sie Ihre Frau sein?

**17.**

Woher wissen Sie mehr über die intimen Beziehungen zwischen den Geschlechtern: aus dem

Gespräch mit andern Männern oder aus dem Gespräch mit Frauen? Oder erfahren Sie das meiste ohne Gespräch: aus den Reaktionen der Frauen, d. h. indem Sie merken, was Frauen gewohnt sind und was nicht, was sie von einem Mann erwarten, befürchten usw.?

**18.**

Wenn Sie das Gespräch mit einer Frau anregt: wielange gelingt es Ihnen, ein solches Gespräch zu führen, ohne beiläufig auf Gedanken zu kommen, die Sie verschweigen, weil sie nicht zum Thema gehören?

**19.**

Können Sie sich eine Frauenwelt vorstellen?

**20.**

Was trauen Sie der Frau nicht zu:
a. Philosophie?
b. Organisation?
c. Kunst?
d. Technologie?
e. Politik?
und bezeichnen Sie daher eine Frau, die sich nicht an Ihr männliches Vorurteil hält, als unfraulich?

**21.**

Was bewundern Sie an Frauen?

**22.**

Möchten Sie von einer Frau ausgehalten werden:

a. durch ihre Erbschaft?

b. durch ihre Berufsarbeit?

**23.**

Und warum nicht?

**24.**

Glauben Sie an Biologie, d. h. daß das derzeitige Verhältnis zwischen Mann und Frau unabänderlich ist, oder halten Sie es beispielsweise für ein Resultat der jahrtausendelangen Geschichte, daß die Frauen für ihre Denkweise keine eigene Grammatik haben, sondern auf die männliche Sprachregelung angewiesen sind und infolgedessen unterliegen?

**25.**

Warum müssen wir die Frauen nicht verstehen?

# Fragebogen 4

1.

Wissen Sie in der Regel, was Sie hoffen?

2.

Wie oft muß eine bestimmte Hoffnung (z. B. eine politische) sich nicht erfüllen, damit Sie die betroffene Hoffnung aufgeben, und gelingt Ihnen dies, ohne sich sofort eine andere Hoffnung zu machen?

3.

Beneiden Sie manchmal Tiere, die ohne Hoffnung auszukommen scheinen, z. B. Fische in einem Aquarium?

4.

Wenn eine private Hoffnung sich endlich erfüllt hat: wie lange finden Sie in der Regel, es sei eine richtige Hoffnung gewesen, d. h. daß deren Erfüllung so viel bedeutete, wie Sie jahrzehntelang gemeint haben?

5.

Welche Hoffnung haben Sie aufgegeben?

6.

Wieviele Stunden im Tag oder wieviele Tage im Jahr genügt Ihnen die herabgesetzte Hoffnung: daß es wieder Frühling wird, daß die Kopfschmerzen verschwinden, daß etwas nie an den Tag kommt, daß Gäste aufbrechen usw.?

**7.**

Kann Haß eine Hoffnung erzeugen?

**8.**

Hoffen Sie angesichts der Weltlage:

a. auf die Vernunft?

b. auf ein Wunder?

c. daß es weitergeht wie bisher?

**9.**

Können Sie ohne Hoffnung denken?

**10.**

Können Sie einen Menschen lieben, der früher oder später, weil er Sie zu kennen meint, wenig Hoffnung auf Sie setzt?

**11.**

Was erfüllt Sie mit Hoffnung:

a. die Natur?

b. die Kunst?

c. die Wissenschaft?

d. die Geschichte der Menschheit?

**12.**

Genügen Ihnen die privaten Hoffnungen?

**13.**

Gesetzt den Fall, Sie unterscheiden zwischen Ihren eignen Hoffnungen und den Hoffnungen, die andere (Eltern, Lehrer, Kameraden, Liebespartner) auf Sie setzen: bedrückt es Sie mehr, wenn sich die ersteren oder wenn sich die letzteren nicht erfüllen?

**14.**

Was erhoffen Sie sich von Reisen?

**15.**

Wenn Sie jemand in einer unheilbaren Krankheit wissen: machen Sie ihm dann Hoffnungen, die Sie selber als Trug erkennen?

**16.**

Was erwarten Sie im umgekehrten Fall?

**17.**

Was bekräftigt Sie in Ihrer persönlichen Hoffnung:

a. Zuspruch?

b. die Einsicht, welchen Fehler Sie gemacht haben?

c. Alkohol?

d. Ehrungen?

e. Glück im Spiel?

f. ein Horoskop?

g. daß sich jemand in Sie verliebt?

**18.**

Gesetzt den Fall, Sie leben in der großen Hoffnung (»daß der Mensch dem Menschen ein Helfer ist«) und haben Freunde, die sich aber dieser Hoffnung nicht anschließen können: verringert sich dadurch Ihre Freundschaft oder Ihre große Hoffnung?

**19.**

Wie verhalten Sie sich im umgekehrten Fall, d. h. wenn Sie die große Hoffnung eines Freundes nicht teilen: fühlen Sie sich jedesmal, wenn er die Enttäuschung erlebt, klüger als der Enttäuschte?

**20.**

Muß eine Hoffnung, damit Sie in ihrem Sinn denken und handeln, nach Ihrem menschlichen Ermessen erfüllbar sein?

**21.**

Keine Revolution hat je die Hoffnung derer, die sie gemacht haben, vollkommen erfüllt; leiten Sie aus dieser Tatsache ab, daß die große Hoffnung lächerlich ist, daß Revolution sich erübrigt, daß nur der Hoffnungslose sich Enttäuschungen erspart usw., und was erhoffen Sie sich von solcher Ersparnis?

**22.**
Hoffen Sie auf ein Jenseits?

**23.**
Wonach richten Sie Ihre täglichen Handlungen, Entscheidungen, Pläne, Überlegungen usw., wenn nicht nach einer genauen oder vagen Hoffnung?

**24.**
Sind Sie schon einen Tag lang oder eine Stunde lang tatsächlich ohne Hoffnung gewesen, auch ohne die Hoffnung, daß alles einmal aufhört, wenigstens für Sie?

**25.**
Wenn Sie einen Toten sehen: welche seiner Hoffnungen kommen Ihnen belanglos vor, die unerfüllten oder die erfüllten?

# Fragebogen 5

1.
Wenn Sie jemand dazu bringen, daß er den Humor verliert (z. B. weil Sie seine Scham verletzt haben), und wenn Sie dann feststellen, der betroffene Mensch habe keinen Humor: finden Sie, daß Sie deswegen Humor haben, weil Sie jetzt über ihn lachen?

2.
Wie unterscheiden sich Witz und Humor?

3.
Wenn Sie spüren, daß Ihnen jemand mit Antipathie begegnet: was gelingt Ihnen dann eher, Witz oder Humor?

4.
Halten Sie's für Humor:
a. wenn wir über Dritte lachen?
b. wenn Sie über sich selbst lachen?
c. wenn Sie jemand dazu bringen, daß er, ohne sich zu schämen, über sich selber lachen kann?

5.
Wenn Sie alles Lachen abziehen, das auf Kosten von Dritten geht: finden Sie, daß Sie oft Humor haben?

**6.**

Woran merken Sie es zuerst, wenn Sie in einer Gesellschaft alle Sympathie verspielt haben: verschließt man sich Ihrer ernsten Argumentation, Ihren Kenntnissen usw., oder kommt einfach die Art von Humor, die Ihnen eigen wäre, nicht mehr an, d. h. daß Sie humorlos werden?

**7.**

Haben Sie Humor, wenn Sie allein sind?

**8.**

Wenn Sie von einem Menschen sagen, er habe Humor: meinen Sie damit, daß er Sie zum Lachen bringt oder daß es Ihnen gelingt, ihn zum Lachen zu bringen?

**9.**

Kennen Sie Tiere mit Humor?

**10.**

Was gibt Ihnen unversehens das Vertrauen, daß Sie sich mit einer Frau intim verstehen könnten: ihre Physiognomie, ihre Lebensgeschichte, ihre Glaubensbekenntnisse usw. oder ein erstes Zeichen, daß man im Humor übereinstimmt, wenn auch keineswegs in Meinungsfragen?

**11.**

Was offenbart Affinität im Humor:

a. Gleichartigkeit des Intellekts?

b. daß zwei oder mehrere Menschen übereinstimmen in ihrer Fantasie?

c. Verwandtschaft in der Scham?

**12.**

Wenn Ihnen bewußt ist, daß Sie im Augenblick tatsächlich keinen Humor haben: erscheint Ihnen dann der Humor, den Sie zuweilen haben, als ein oberflächliches Verhalten?

**13.**

Können Sie sich eine Ehe ohne Humor vorstellen?

**14.**

Was versetzt Sie eher in Eifersucht: daß die Person, die Sie lieben, eine andere Person küßt, umarmt usw. oder daß es dieser andern Person gelingt, Humor zu befreien, den sie an Ihrem Partner nicht kennen?

**15.**

Warum scheuen Revolutionäre den Humor?

**16.**

Können Sie einen Menschen oder eine Gesellschaftsschicht, die Sie aus politischen Gründen hassen, mit Humor sehen (nicht bloß mit Witz), ohne dabei den Haß zu verlieren?

**17.**

Gibt es einen klassenlosen Humor?

**18.**

Wenn Sie ein Untergebener sind: halten Sie es für Humor, wenn der Vorgesetzte über Ihre ernsten Beschwerden und Forderungen lächelt, d. h. für einen Mangel an Humor, wenn Sie nicht auch lächeln, oder lachen Sie dann, bis der Vorgesetzte seinen Humor einstellt, und womit erreichen Sie noch weniger?

**19.**

Kommt es vor, daß Sie sich im Humor als ein anderer entpuppen, als Sie gerne sein möchten, d. h. daß Sie der eigene Humor erschreckt?

**20.**

Entsteht Humor nur aus Resignation?

**21.**

Gesetzt den Fall, Sie haben die Gabe, jedermann zum Lachen zu bringen, und Sie gebrauchen diese Gabe in jeder Gesellschaft, so daß Sie nachgerade als Humorist bekannt sind – was versprechen Sie sich davon:

a. Kommunikation?
b. daß Sie's mit niemand verderben?
c. daß Sie eine Infamie loswerden und nachher sagen können, es sei Humor gewesen und wenn der Betroffene keinen Humor verstehe usw.?
d. daß Sie sich selber nie langweilen?
f. daß Ihnen in einer Sache, die mit Argumenten nicht zu vertreten ist, die Lacher trotzdem rechtgeben?

**22.**
Was ertragen Sie nur mit Humor?

**23.**
Wenn Sie in der Fremde leben und erfahren müssen, daß Ihr eigentlicher Humor sich nie mitteilt: können Sie sich damit abfinden, daß es eine Verständigung nur im Ernst gibt, oder werden Sie sich dadurch selber fremd?

**24.**
Verändert im Alter sich der Humor?

**25.**

Wie meinen Sie im Humor zu sein:

a. versöhnlich?
b. frei von Ehrgeiz?
c. angstlos?
d. unabhängig von Moral?
e. sich selbst überlegen?
f. kühner als sonst?
g. frei von Selbstmitleid?
h. aufrichtiger als sonst?
i. lebensdankbar?

**26.**

Gesetzt den Fall, Sie glauben an einen Gott: kennen Sie ein Anzeichen dafür, daß er Humor hat?

# Fragebogen 6

**1.**
Hassen Sie Bargeld?

**2.**
Warum?

**3.**
Haben Sie schon ohne Bargeld leben müssen?

**4.**
Wenn Sie einen Menschen in der Badehose treffen und nichts von seinen Lebensverhältnissen wissen: woran erkennen Sie nach einigem Gespräch (nicht über Geld) trotzallem den Reichen?

**5.**
Wieviel Geld möchten Sie besitzen?

**6.**
Gesetzt den Fall, Sie sind bedürftig und haben einen reichen Freund, der Ihnen helfen will, und er gibt Ihnen eine beträchtliche Summe (zum Beispiel damit Sie studieren können) und gelegentlich auch Anzüge von sich, die noch solid sind: was nehmen Sie unbefangener an?

**7.**

Haben Sie schon gestohlen:

a. Bargeld?

b. Gegenstände (ein Taschenbuch am Kiosk, Blumen aus einem fremden Garten, eine Erstausgabe, Schokolade auf einem Camping-Platz, Kugelschreiber, die umherliegen, ein Andenken an einen Toten, Handtücher im Hotel usw.)?

c. eine Idee?

**8.**

Solange Sie kein Vermögen und ein schwaches Einkommen haben, reden die Reichen vor Ihnen ungern über Geld und umso lebhafter über Fragen, die mit Geld nicht zu lösen sind, z.B. über Kunst: empfinden Sie dies als Takt?

**9.**

Was halten Sie von Erbschaft:

a. wenn Sie eine in Aussicht haben?

b. wenn nicht?

c. wenn Sie einen Säugling betrachten und dabei wissen, daß er, wie immer er sich entwickle, die Hälfte einer Fabrik besitzen wird oder eine Villa, ein Areal, das keine Inflation zu fürchten braucht, ein Ferienhaus auf Sardinien, fünf Miethäuser in der Vorstadt?

**10.**

Sind Sie ein Sparer? Und wenn ja:

**11.**

Erklären Sie, wieso die Staatsbank bestimmt, wieviel das Geld wert ist, das Sie als Lohn erhalten und gespart haben, und zu wessen Gunsten sich Ihre Ersparnisse plötzlich verflüchtigen?

**12.**

Gesetzt den Fall, Sie stammen aus einfachen Verhältnissen und verfügen unversehens über ein großes Einkommen, sodaß das Geld für Sie sozusagen keine Rolle mehr spielt: fühlen Sie sich als Person unverändert? Und wenn ja: finden das Ihre bisherigen Freunde auch oder finden sie, das Geld spiele wohl eine Rolle, indem es Sie als Person deformiert?

**13.**

Was kostet zur Zeit ein Pfund Butter?

**14.**

Wenn Sie in der Lage sein sollten, von Zinsen leben zu können: halten Sie sich deswegen nicht für einen Ausbeuter, weil Sie, obschon Sie von den Zinsen leben könnten, selber auch arbeiten?

**15.**
Fürchten Sie sich vor den Armen?

**16.**
Warum nicht?

**17.**
Gesetzt den Fall, Sie sind ein großer Mäzen, d. h. Sie verteilen an Leute, die Sie persönlich schätzen, teilweise die beträchtlichen Zinsen aus der Arbeit andrer Leute: verstehen Sie die öffentliche Hochachtung, die Sie als Mäzen genießen, und Ihre eigene Unbefangenheit dabei?

**18.**
Was tun Sie für Geld nicht?

**19.**
Timon von Athen hat eines Tages, um die Freundschaft seiner Freunde zu prüfen, nur Schüsseln voll Wasser aufgetischt; er erfuhr dabei, was er eigentlich schon wußte, und gab sich bitter vor Enttäuschung über die Menschen, denn siehe, sie kamen immer nur seines Reichtums wegen und waren keine wahren Freunde. Finden Sie seine großen Flüche über die andern berechtigt? Offenbar hatte der reiche Timon von Athen gemeint, Freundschaft kaufen zu können.

**20.**

Möchten Sie eine reiche Frau?

**21.**

Wie erklären Sie es sich, daß Sie als Reicher es gerne zeigen, wenn Sie sich etwas versagen, was Sie sich ohne weiteres leisten könnten (z. B. eine Yacht), und daß Sie sich fast kindlich freuen, wenn Sie irgend etwas besonders billig erworben haben, geradezu spottbillig, so daß jedermann es sich hätte leisten können, und warum sind Sie zugleich erpicht auf unersetzbare Objekte, beispielsweise Ikonen, Säbel, Porzellan aus der Ming-Zeit, Kupferstiche, Werke toter Meister, historische Münzen, Autographen, Gebetsteppiche aus Tibet usw.?

**22.**

Was mißfällt Ihnen an einem Neureichen:

a. daß er ohne Heraldik auskommt?

b. daß er vom Geld spricht?

c. daß er nicht von Ihnen abhängig ist?

**23.**

Wie rechtfertigen Sie eignen Reichtum:

a. durch Gotteswillen?

b. daß Sie es einzig und allein Ihrer persönlichen Tüchtigkeit verdanken, d. h. durch die Annahme, daß andere Fähigkeiten, die sich

nicht in Einkommen umsetzen, minderwertig seien?
c. durch würdiges Benehmen?
d. indem Sie sich sagen, daß nur die Reichen überhaupt eine Wirtschaft in Gang bringen können zum Gedeihen aller, d.h. durch Unternehmergeist?
e. durch Caritas?
f. durch Ihre höhere Bildung, die Sie einem ererbten Reichtum verdanken oder einer Stiftung?
g. durch asketische Lebensart?
h. durch vorbildliche Gewissenhaftigkeit in allen sittlichen Belangen, die das bürgerliche Profit-System nicht berühren, sowie durch Verinnerlichung der Gegebenheiten, Sensibilität für Kulturelles, Geschmack usw.?
i. indem Sie beträchtliche Steuern zahlen?
k. durch Gastgeberschaft?
l. indem Sie sich sagen, daß es seit Menschengedenken immer Arme und Reiche gegeben hat und also immer geben wird, d.h. daß Sie gar keine Rechtfertigung brauchen?

**24.**

Wenn Sie nicht aus eignem Entschluß (wie der heilige Franziskus), sondern umständehalber nochmals arm werden: wären Sie den Reichen gegenüber, nachdem Sie als Gleichgestellter einmal ihre Denkweise kennengelernt haben, so duldsam wie früher, wehrlos durch Respekt?

**25.**

Haben Sie einmal eine Banknote mit dem Porträt eines großen Dichters oder eines großen Feldherrn, dessen Würde von Hand zu Hand geht, angezündet mit einem Feuerzeug und sich angesichts der Asche gefragt, wo jetzt der verbürgte Wert bleibt?

# Fragebogen 7

**1.**

Halten Sie sich für einen guten Freund?

**2.**

Was empfinden Sie als Verrat:

a. wenn der andere es tut?

b. wenn Sie es tun?

**3.**

Wie viele Freunde haben sie zur Zeit?

**4.**

Halten Sie die Dauer einer Freundschaft (Unverbrüchlichkeit) für ein Wertmaß der Freundschaft?

**5.**

Was würden Sie einem Freund nicht verzeihen:

a. Doppelzüngigkeit?

b. daß er Ihnen eine Frau ausspannt?

c. daß er Ihrer sicher ist?

d. Ironie auch Ihnen gegenüber?

e. daß er keine Kritik verträgt?

f. daß er Personen, mit denen Sie sich verfeindet haben, durchaus schätzt und gerne mit ihnen verkehrt?

g. daß Sie keinen Einfluß auf ihn haben?

**6.**

Möchten Sie ohne Freunde auskommen können?

**7.**

Halten Sie sich einen Hund als Freund?

**8.**

Ist es schon vorgekommen, daß Sie überhaupt gar keine Freundschaft hatten, oder setzen Sie dann Ihre diesbezüglichen Ansprüche einfach herab?

**9.**

Kennen Sie Freundschaft mit Frauen:
a. vor Geschlechtsverkehr?
b. nach Geschlechtsverkehr?
c. ohne Geschlechtsverkehr?

**10.**

Was fürchten Sie mehr: das Urteil von einem Freund oder das Urteil von Feinden?

**11.**

Warum?

**12.**

Gibt es Feinde, die Sie insgeheim zu Freunden machen möchten, um sie müheloser verehren zu können?

**13.**

Wenn jemand in der Lage ist, Ihnen mit Geld zu helfen, oder wenn Sie in der Lage sind, jemand mit Geld zu helfen: sehen Sie darin eine Gefährdung der bisherigen Freundschaft?

**14.**

Halten Sie die Natur für einen Freund?

**15.**

Wenn Sie auf Umwegen erfahren, daß ein böser Witz über Sie ausgerechnet von einem Freund ausgegangen ist: kündigen Sie daraufhin die Freundschaft? Und wenn ja:

**16.**

Wieviel Aufrichtigkeit von einem Freund ertragen Sie in Gesellschaft oder schriftlich oder unter vier Augen?

**17.**

Gesetzt den Fall, Sie haben einen Freund, der Ihnen in intellektueller Hinsicht sehr überlegen ist: tröstet Sie seine Freundschaft darüber hinweg oder zweifeln Sie insgeheim an einer Freundschaft, die Sie sich allein durch Bewunderung, Treue, Hilfsbereitschaft usw. erwerben?

**18.**

Worauf sind Sie aus dem natürlichen Bedürfnis nach Freundschaft öfter hereingefallen:

a. auf Schmeichelei?

b. auf Landsmannschaft in der Fremde?

c. auf die Einsicht, daß Sie sich eine Feindschaft in diesem Fall gar nicht leisten können, z. B. weil dadurch ihre berufliche Karriere gefährdet wäre?

d. auf Ihren eigenen Charme?

e. weil es Ihnen schmeichelt, wenn Sie jemand, der gerade Ansehen genießt, öffentlich als Freund bezeichnen können (mit Vornamen)?

f. auf ideologisches Einverständnis?

**19.**

Wie reden Sie über verlorene Freunde?

**20.**

Wenn es dahin kommt, daß Freundschaft zu etwas verpflichtet, was eigentlich Ihrem Gewissen widerspricht, und Sie haben es um der Freundschaft willen getan: hat sich die betreffende Freundschaft dadurch erhalten?

**21.**

Gibt es Freundschaft ohne Affinität im Humor?

**22.**

Was halten Sie ferner für unerläßlich, damit Sie eine Beziehung zwischen zwei Personen nicht bloß als Interessen-Gemeinschaft, sondern als Freundschaft empfinden:

a. Wohlgefallen am andern Gesicht

b. daß man sich unter vier Augen einmal gehenlassen kann, d.h. das Vertrauen, daß nicht alles ausgeplaudert wird

c. politisches Einverständnis grosso modo

d. daß einer den andern in den Zustand der Hoffnung versetzen kann nur schon dadurch, daß er da ist, daß er anruft, daß er schreibt

e. Nachsicht

f. Mut zum offenen Widerspruch, aber mit Fühlern dafür, wieviel Aufrichtigkeit der andere gerade noch verkraften kann, und also Geduld

g. Ausfall von Prestige-Fragen

h. daß man dem andern ebenfalls Geheimnisse zubilligt, also nicht verletzt ist, wenn etwas auskommt, wovon er nie gesprochen hat

i. Verwandtschaft in der Scham

k. wenn man sich zufällig trifft: Freude, obschon man eigentlich gar keine Zeit hat, als erster Reflex beiderseits

l. daß man für den andern hoffen kann

m. die Gewähr, daß der eine wie der andere, wenn eine üble Nachrede über den andern im Umlauf ist, zumindest Belege verlangt, bevor er zustimmt

n. Treffpunkte in der Begeisterung
o. Erinnerungen, die man gemeinsam hat und die wertloser wären, wenn man sie nicht gemeinsam hätte
p. Dankbarkeit
q. daß der eine den andern gelegentlich im Unrecht sehen kann, aber deswegen nicht richterlich wird
r. Ausfall jeder Art von Geiz
s. daß man einander nicht festlegt auf Meinungen, die einmal zur Einigkeit führten, d.h. daß keiner von beiden sich ein neues Bewußtsein versagen muß aus Rücksicht? (Unzutreffendes streichen.)

**23.**
Wie groß kann dabei der Altersunterschied sein?

**24.**
Wenn eine langjährige Freundschaft sich verflüchtigt, z.B. weil die neue Gefährtin eines Freundes nicht zu integrieren ist: bedauern Sie dann, daß Freundschaft einmal bestanden hat?

**25.**
Sind Sie sich selber ein Freund?

# Fragebogen 8

**1.**
Sind Sie stolz darauf, Vater zu sein?

**2.**
Mögen Sie Kinder allgemein?

**3.**
Sind Sie sicher, daß Sie von Ihren erwachsenen Kindern keine Dankbarkeit erwarten? Und wenn nicht: Dankbarkeit wofür? (Stichworte genügen)

**4.**
Wollten Sie damals Vater werden?

**5.**
Wenn Sie meinen, Ihre Kinder haben es besser, als Sie es gehabt haben: beglückt Sie das oder meinen Sie es als Vorwurf?

**6.**
Wie stehen Sie zum Säugling?

**7.**
Hatten Sie das väterliche Verantwortungsbewußtsein schon vor der Zeugung oder während der Zeugung oder wann hat es sich bei Ihnen eingestellt?

**8.**

Was macht Sie an Kindern traurig?
a. Ahnlichkeiten mit der Mutter?
b. Ähnlichkeiten mit Ihnen?

**9.**

Inwiefern fühlen Sie sich durch ein ungeborenes Kind lebenslänglich verbunden mit der betreffenden Frau?

**10.**

Wenn andere Leute (Gäste, Nachbarn, Lehrer usw.) durchblicken lassen, daß sie Ihr Kind nicht außerordentlich finden: wem nehmen Sie's übel, dem Kind oder den Leuten? Oder der Mutter?

**11.**

Fühlen Sie Blutsverwandtschaft?

**12.**

Bis zu welchem Alter des Kindes?

**13.**

Haben Sie Kinder je geschlagen? Und wenn nicht: weil Sie durch eine bessere Methode erreichten, was Sie wollten, oder aus Prinzip?

**14.**
Wenn Sie eigene Kinder unter ihresgleichen sehen, z. B. bei einem sit-in, haben Sie den Eindruck, daß Sie den eignen Kindern näherstehen als ihren Altersgenossen, und woraus schließen Sie das?

**15.**
Was beglückt Sie als Vater vor allem?

**16.**
Glauben Sie sich als Erzieher? Z. B. wenn Sie einen neuen Wagen haben und die Kinder betrachten ihn als ihr Eigentum: verweigern Sie ihnen die Benutzung des Wagens aus erzieherischen Gründen?

**17.**
Wann fühlen Sie sich als Vater wohler:
a. allein mit dem Kind?
b. wenn die Mutter dabei ist?

**18.**
Wenn Sie mit einer andern Frau ins Bett gehen, empfinden Sie sich dann als Vater?

**19.**
Nimmt bei Ihnen die Väterlichkeit ab:
a. wenn das Kind selber Geld verdient?

b. wenn das Kind sich verheiratet?
c. wenn es sich herausstellt, daß das Kind mehr weiß als Sie oder geschickter ist als Sie, lebenstüchtiger usw.?

**20.**
Was erschreckt Sie mehr: wenn die Kinder daran leiden, daß Sie ihr Vater sind, oder wenn Ihnen die Kinder von andern Leuten insgeheim besser gefallen?

**21.**
Ist es Ihnen bewußt, daß Sie sich immer etwas anders verhalten, wenn Ihre erwachsenen Kinder zugegen sind, und was verhehlen Sie vor ihnen?

**22.**
Warum?

**23.**
Gesetzt den Fall, daß Sie sich der Mutter nicht mehr verbunden fühlen als Mann: überzeugt es Sie, daß Sie der Vater ihres Kindes sind?

**24.**
Können Sie sich ohne Kinder vorstellen?

**25.**

Ist es Ihnen schon gelungen, die eignen Kinder kennenzulernen, d. h. sie nicht als Söhne oder Töchter zu sehen?

# Fragebogen 9

**1.**

Wenn Sie sich in der Fremde aufhalten und Landsleute treffen: befällt Sie dann Heimweh oder dann gerade nicht?

**2.**

Hat Heimat für Sie eine Flagge?

**3.**

Worauf könnten Sie eher verzichten:

a. auf Heimat?

b. auf Vaterland?

c. auf die Fremde?

**4.**

Was bezeichnen Sie als Heimat:

a. ein Dorf?

b. eine Stadt oder ein Quartier darin?

c. einen Sprachraum?

d. einen Erdteil?

e. eine Wohnung?

**5.**

Gesetzt den Fall, Sie wären in der Heimat verhaßt: könnten Sie deswegen bestreiten, daß es Ihre Heimat ist?

**6.**

Was lieben Sie an Ihrer Heimat besonders:

a. die Landschaft?

b. daß Ihnen die Leute ähnlich sind in ihren Gewohnheiten, d. h. daß Sie sich den Leuten angepaßt haben und daher mit Einverständnis rechnen können?
c. das Brauchtum?
d. daß Sie dort ohne Fremdsprache auskommen?
e. Erinnerungen an die Kindheit?

**7.**
Haben Sie schon Auswanderung erwogen?

**8.**
Welche Speisen essen Sie aus Heimweh (z. B. die deutschen Urlauber auf den Kanarischen Inseln lassen sich täglich das Sauerkraut mit dem Flugzeug nachschicken) und fühlen Sie sich dadurch in der Welt geborgener?

**9.**
Gesetzt den Fall, Heimat kennzeichnet sich für Sie durch waldiges Gebirge mit Wasserfällen: rührt es Sie, wenn Sie in einem andern Erdteil dieselbe Art von waldigem Gebirge mit Wasserfällen treffen, oder enttäuscht es Sie?

**10.**
Warum gibt es keine heimatlose Rechte?

**11.**

Wenn Sie die Zollgrenze überschreiten und sich wieder in der Heimat wissen: kommt es vor, daß Sie sich einsamer fühlen gerade in diesem Augenblick, in dem das Heimweh sich verflüchtigt, oder bestärkt Sie beispielsweise der Anblick von vertrauten Uniformen (Eisenbahner, Polizei, Militär usw.) im Gefühl, eine Heimat zu haben?

**12.**

Wieviel Heimat brauchen Sie?

**13.**

Wenn Sie als Mann und Frau zusammenleben, ohne die gleiche Heimat zu haben: fühlen Sie sich von der Heimat des andern ausgeschlossen oder befreien Sie einander davon?

**14.**

Insofern Heimat der landschaftliche und gesellschaftliche Bezirk ist, wo Sie geboren und aufgewachsen sind, ist Heimat unvertauschbar: sind Sie dafür dankbar?

**15.**

Wem?

**16.**

Gibt es Landstriche, Städte, Bräuche usw., die Sie auf den heimlichen Gedanken bringen, Sie hätten sich für eine andere Heimat besser geeignet?

**17.**

Was macht Sie heimatlos:

a. Arbeitslosigkeit?

b. Vertreibung aus politischen Gründen?

c. Karriere in der Fremde?

d. daß Sie in zunehmendem Grad anders denken als die Menschen, die den gleichen Bezirk als Heimat bezeichnen wie Sie und ihn beherrschen?

e. ein Fahneneid, der mißbraucht wird?

**18.**

Haben Sie eine zweite Heimat? Und wenn ja:

**19.**

Können Sie sich eine dritte und vierte Heimat vorstellen oder bleibt es dann wieder bei der ersten?

**20.**

Kann Ideologie zu einer Heimat werden?

21.
Gibt es Orte, wo Sie das Entsetzen packt bei der Vorstellung, daß es für Sie die Heimat wäre, z. B. Harlem, und beschäftigt es Sie, was das bedeuten würde, oder danken Sie dann Gott?

22.
Empfinden Sie die Erde überhaupt als heimatlich?

23.
Auch Soldaten auf fremdem Territorium fallen bekanntlich für die Heimat: wer bestimmt, was Sie der Heimat schulden?

24.
Können Sie sich überhaupt ohne Heimat denken?

25.
Woraus schließen Sie, daß Tiere wie Gazellen, Nilpferde, Bären, Pinguine, Tiger, Schimpansen usw., die hinter Gittern oder in Gehegen aufwachsen, den Zoo nicht als Heimat empfinden?

# Fragebogen 10

**1.**

Können Sie sich erinnern, seit welchem Lebensjahr es Ihnen selbstverständlich ist, daß Ihnen etwas gehört, beziehungsweise nicht gehört?

**2.**

Wem gehört Ihres Erachtens beispielsweise die Luft?

**3.**

Was empfinden Sie als Eigentum:
a. was Sie gekauft haben?
b. was Sie erben?
c. was Sie gemacht haben?

**4.**

Auch wenn Sie den betreffenden Gegenstand (Kugelschreiber, Schirm, Armbanduhr usw.) ohne weiteres ersetzen können: empört Sie der Diebstahl als solcher?

**5.**

Warum?

**6.**

Empfinden Sie das Geld schon als Eigentum oder müssen Sie sich dafür irgend etwas kaufen, um sich als Eigentümer zu empfinden, und wie erklären Sie es sich, daß Sie sich umso deutlicher als Eigentümer empfinden, je mehr Sie meinen, daß man Sie um etwas beneidet?

**7.**

Wissen Sie, was Sie brauchen?

**8.**

Gesetzt den Fall, Sie haben ein Grundstück gekauft: wie lange dauert es, bis Sie die Bäume auf diesem Grundstück als Eigentum empfinden, d. h. daß das Recht, diese Bäume fällen zu lassen, Sie beglückt oder Ihnen zumindest selbstverständlich vorkommt?

**9.**

Erleben Sie einen Hund als Eigentum?

**10.**

Mögen Sie Einzäunungen?

**11.**

Wenn Sie auf der Straße stehenbleiben, um einem Bettler etwas auszuhändigen: warum machen Sie's immer so flink und so unauffällig wie möglich?

**12.**

Wie stellen Sie sich Armut vor?

**13.**
Wer hat Sie den Unterschied gelehrt zwischen Eigentum, das sich verbraucht, und Eigentum, das sich vermehrt, oder hat Sie das niemand gelehrt?

**14.**
Sammeln Sie auch Kunst?

**15.**
Kennen Sie ein freies Land, wo die Reichen nicht in der Minderheit sind, und wie erklären Sie es sich, daß die Mehrheit in solchen Ländern glaubt, sie sei an der Macht?

**16.**
Warum schenken Sie gerne?

**17.**
Wieviel Eigentum an Grund und Boden brauchen Sie, um keine Angst zu haben vor der Zukunft? (Angabe in Quadratmetern.) Oder finden Sie, daß die Angst eher zunimmt mit der Größe des Grundeigentums?

**18.**
Wogegen sind Sie nicht versichert?

**19.**

Wenn es nur noch das Eigentum gäbe an Dingen, die Sie verbrauchen, aber kein Eigentum, das Macht gibt über andere: möchten Sie unter solchen Umständen noch leben?

**20.**

Wieviele Arbeitskräfte gehören Ihnen?

**21.**

Wieso?

**22.**

Leiden Sie manchmal unter der Verantwortung des Eigentümers, die Sie nicht den andern überlassen können, ohne Ihr Eigentum zu gefährden, oder ist es die Verantwortung, die Sie glücklich macht?

**23.**

Was gefällt Ihnen am Neuen Testament?

**24.**

Da zwar ein Recht auf Eigentum besteht, aber erst in Kraft tritt, wenn Eigentum vorhanden ist: könnten Sie es irgendwie verstehen, wenn die Mehrheit Ihrer Landsleute, um ihr Recht in Kraft zu setzen, Sie eines Tages enteignen würde?

**25.**
Und warum nicht?

# Fragebogen 11

**1.**

Haben Sie Angst vor dem Tod und seit welchem Lebensjahr?

**2.**

Was tun Sie dagegen?

**3.**

Haben Sie keine Angst vor dem Tod (weil Sie materialistisch denken, weil Sie nicht materialistisch denken), aber Angst vor dem Sterben?

**4.**

Möchten Sie unsterblich sein?

**5.**

Haben Sie schon einmal gemeint, daß Sie sterben, und was ist Ihnen dabei eingefallen:

a. was Sie hinterlassen?
b. die Weltlage?
c. eine Landschaft?
d. daß alles eitel war?
e. was ohne Sie nie zustandekommen wird?
f. die Unordnung in den Schubladen?

**6.**

Wovor haben Sie mehr Angst: daß Sie auf dem Totenbett jemand beschimpfen könnten, der es nicht verdient, oder daß Sie allen verzeihen, die es nicht verdienen?

**7.**

Wenn wieder ein Bekannter gestorben ist: überrascht es Sie, wie selbstverständlich es Ihnen ist, daß die andern sterben? Und wenn nicht: haben Sie dann das Gefühl, daß er Ihnen etwas voraushat, oder fühlen Sie sich überlegen?

**8.**

Möchten Sie wissen, wie Sterben ist?

**9.**

Wenn Sie sich unter bestimmten Umständen schon einmal den Tod gewünscht haben und wenn es nicht dazu gekommen ist: finden Sie dann, daß Sie sich geirrt haben, d. h. schätzen Sie infolgedessen die Umstände anders ein?

**10.**

Wem gönnen Sie manchmal Ihren eignen Tod?

**11.**

Wenn Sie gerade keine Angst haben vor dem Sterben: weil Ihnen dieses Leben gerade lästig ist oder weil Sie gerade den Augenblick genießen?

**12.**

Was stört Sie an Begräbnissen?

**13.**

Wenn Sie jemand bemitleidet oder gehaßt haben und zur Kenntnis nehmen, daß er verstorben ist: was machen Sie mit Ihrem bisherigen Haß auf seine Person beziehungsweise mit Ihrem Mitleid?

**14.**

Haben Sie Freunde unter den Toten?

**15.**

Wenn Sie einen toten Menschen sehen: haben Sie dann den Eindruck, daß Sie diesen Menschen gekannt haben?

**16.**

Haben Sie schon Tote geküßt?

**17.**

Wenn Sie nicht allgemein an Tod denken, sondern an Ihren persönlichen Tod: sind Sie jeweils erschüttert, d. h. tun Sie sich selbst leid oder denken Sie an Personen, die Ihnen nach Ihrem Hinscheiden leidtun?

**18.**

Möchten Sie lieber mit Bewußtsein sterben oder überrascht werden von einem fallenden Ziegel, von einem Herzschlag, von einer Explosion usw.?

**19.**
Wissen Sie, wo Sie begraben sein möchten?

**20.**
Wenn der Atem aussetzt und der Arzt es bestätigt: sind Sie sicher, daß man in diesem Augenblick keine Träume mehr hat?

**21.**
Welche Qualen ziehen Sie dem Tod vor?

**22.**
Wenn Sie an ein Reich der Toten (Hades) glauben: beruhigt Sie die Vorstellung, daß wir uns alle wiedersehen auf Ewigkeit, oder haben Sie deshalb Angst vor dem Tod?

**23.**
Können Sie sich ein leichtes Sterben denken?

**24.**
Wenn Sie jemand lieben: warum möchten Sie nicht der überlebende Teil sein, sondern das Leid dem andern überlassen?

**25.**
Wieso weinen die Sterbenden nie?

# Insel Clips

Insel-Clip 1
**Epiktet · Wege zum glücklichen Handeln**

Insel-Clip 2
**Raymond Radiguet · Den Teufel im Leib**

Insel-Clip 3
**Marc Aurel · Selbstbetrachtungen**

Insel-Clip 4
**Martin Walser · Ein fliehendes Pferd**

Insel-Clip 5
**Seneca für Gestreßte**

Insel-Clip 6
**Max Frisch · Halten Sie sich für einen guten Freund?**

Insel-Clip 7
**Lao-tse · Tao-te-king**

Insel-Clip 8
**Hermann Hesse · Klingsors letzter Sommer**

Insel-Clip 9
**Zen · Sprüche und Leitsätze der Zen-Meister**

Insel-Clip 10
**Jurek Becker · Die beliebteste Familiengeschichte**

Insel-Clip 11
**Goethe · Ob ich Dich liebe weiß ich nicht**

Insel-Clip 12
**Isabel Allende · Eine Rache**